フランス

JN213194

正式国名
フランス共和国

面積
55.15 万km²
（日本は37.8万km²）

人口
6837 万人（2024年）
（日本は1億2156万人）

国旗
左から青色・白・赤色の3色からなる。それぞれ「自由・平等・友愛」をあらわすという。

日本との距離（きょり）
東京からパリまでの
直線距離で約 **9740** km

時差
日本と8時間の差がある。首都パリは、東京より8時間遅い。日本が昼の12時のとき、パリは午前4時。サマータイム期間（3月下旬〜10月下旬）は、7時間の差になる。

気候
海洋性気候、大陸性気候、地中海性気候、山岳性気候の4つに大きく分けられる。

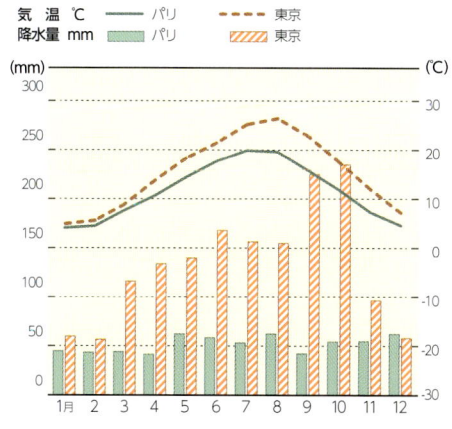

気温 ℃ ── パリ ---- 東京
降水量 mm ■ パリ ■ 東京

▲パリと東京の月別平均気温と降水量

『理科年表 2025』丸善出版）

▲ベルサイユ宮殿の庭園。絶対王政の時代に多くの造園家の手によってつくられた広大な庭園は、フランス式庭園の最高傑作といわれる。

▲ ポン・デュ・ガール（ローマの水道橋）。2000年以上前に築かれた水道橋は、古代ローマ時代の土木技術の高さをあらわす。

▲ル・コルビュジエの作品のひとつ「ロンシャンの礼拝堂」。コルビュジエは、フランス語圏のスイスで生まれ、おもにフランスで活躍した建築家。

フランスと周辺の国ぐに

北海　オランダ　ベルギー
アイルランド　イギリス
ドイツ　ルクセンブルク
大西洋
パリ■
フランス　スイス
モナコ　イタリア
ポルトガル　スペイン　アンドラ
地中海

フランスのおもな世界遺産
2024年現在、国境をこえる遺産をふくめ53件が登録されている。

● ベルサイユの宮殿と庭園
● モン・サン・ミッシェルとその湾
● アミアン大聖堂
● ポン・デュ・ガール（ローマの水道橋）
● パリのセーヌ河岸
● ル・コルビュジエの建築作品
　−近代建築運動への顕著な貢献−
● 歴史的城塞都市カルカッソンヌ
● リヨン歴史地区　ほか

現地取材！　世界のくらし ㉓

フランス

文・写真：関根 淳　監修：羽場久美子

サン・マロ湾に浮かぶ小島モン・サン・ミッシェルはカトリックの聖地。1979年に世界遺産に登録された。

現地取材！ 世界のくらし㉓

フランス

もくじ

動画が見られる！

- ボンジュール
おはようございます／こんにちは
- ボンソワール
こんばんは
- ボンニュイ
おやすみなさい
- サヴァ？
元気ですか？
（友達どうしで使う）

手回しオルガン奏者と子どもたち。

日本アニメのコスプレをした子ども。

自宅の庭で夕食を楽しむ家族。

市役所で結婚式をあげるカップル。

◀こちらのサイトにアクセスすると、本書に掲載していない写真や、関連動画を見ることができます。

正装して結婚式に参加するきょうだい。

パリでモデルとバンド活動をしている青年。

遊園地で機械じかけのアトラクションを楽しむ家族。

工房で作品をひろうする陶芸家。

西ヨーロッパの中心にある国

国土の3分の2が平地で、都市部から少しはなれると、広い農場や放牧されている家畜をいたるところで目にする。

国土面積は日本の約1.5倍

フランスは、西ヨーロッパでもっとも大きな国です。東側はベルギーやルクセンブルク、ドイツ、スイス、イタリアと、南西側はスペインと国境を接しています。また、西は大西洋、南は地中海に面し、イギリス海峡・ドーバー海峡をはさんで北にイギリスがあります。

フランスの面積は約55.15万km²で、日本の約1.5倍ほどの大きさです。イタリアとスイスとの国境にはアルプス山脈が、スペインとの国境にはピレネー山脈がありますが、そのほかの国土のほとんどは平地やなだらかな丘です。また、芸術やファッション、料理、歴史的建造物などのイメージが強いフランスですが、じつは広い土地を利用した農業もさかんです。食料自給率は120%をこえ、大量の農産物を外国に輸出する農業大国なのです。

▲フランスは世界最大のワイン生産国。ほとんどの地域でブドウを栽培している。

▲フランス北西部にあるゲランドの塩田。海水をとりこみ、自然の力で水分を蒸発させてつくる天日塩は、まろやかな味わい。

フランスの四季

おだやかなすごしやすい日が続く。写真は春の訪れを告げるミモザの花。

30℃をこえる日もあるが湿度は低い。写真は地中海のまちカシのビーチ。

春 夏
秋 冬

秋晴れの日が多いが、朝晩は冷えこむ。写真はパリ郊外の紅葉した街路樹。

平均10℃に満たない寒い日が続く。パリの降雪は少ない。写真はアルプスのスキー場。

4つの気候に分けられる

フランスの気候は大きく4つに分かれます。

①海洋性気候：大西洋に面した西部の気候で、1年を通して比較的おだやか。

②大陸性気候：首都パリをふくむ北部と中部の気候で、寒暖の差がはげしいことが特徴。

③地中海性気候：地中海に面した南部の気候で、夏は暑いが乾燥し、冬は温暖で雨も降る。

④山岳性気候：アルプス山脈やピレネー山脈の山岳地帯の気候で、短い夏ときびしい冬が特徴。

フランスは高緯度に位置している国です。たとえばパリは、日本最北端の稚内の緯度よりも北にあり、冬の日照時間が極端に短いのが特徴です。逆に夏は、朝6時前に明るくなり、夜9時ごろまで日がしずみません。

▶ラベンダーの栽培がさかん。花の精油が化粧品や香水に利用される。

▲森などには野生のシカがいて、道路に「シカに注意」の標識があることも。

▶フレンチブルドッグは、フランス原産の犬。

国のあらまし

自由・平等・友愛の精神

1 王様が支配してさかえた

　フランスは、長く王様と貴族が支配する国でした。17世紀、国王ルイ14世は外国との貿易を積極的に進め、国力を高めることに成功しました。また、強力な軍隊をつくって他国を侵略し、領土を拡大しました。いっぽうで、多くの市民や農民のくらしは、貧しいものでした。

　ヨーロッパの強国としてさかえたフランスですが、18世紀の国王ルイ16世の時代には、長引く戦争と王族のぜいたくなくらしで財政難になりました。国のあり方に疑問を投げかける思想家たちが現れ、さらに民衆の不満が高まったことで1789年にフランス革命が起こります。

現在のパリのまちなみは、19世紀ナポレオン3世の時代にととのえられた。

ルイ14世が建設したベルサイユ宮殿は、王政時代の象徴。

▶ イギリスとの百年戦争で活躍し、のちに聖人となったジャンヌ・ダルクの像。

◀ 王政時代の全盛期に「太陽王」とよばれた国王ルイ14世の像。

▶ フランス革命で処刑されたルイ16世の王妃マリー・アントワネットの肖像画。

▲地下鉄バスティーユ駅のホームにえがかれたフランス革命の壁画。

▲フランス革命後に皇帝になったナポレオンをえがいた19世紀の絵画「ナポレオン1世の戴冠式」。

 # 革命後のフランス

　市民が「自由・平等・友愛」をうったえて起こした革命によって王政は終わり、国民全員が政治に参加できる現代フランスの基礎が確立しました。今でもフランスの人びとは、命をかけて勝ちとったこの権利を大切にしています。

　現在、フランスの人口は約6837万人で、世界7位の経済大国、また国連の常任理事国として世界に強い影響力をもっています。産業は農業のほかに商業や観光業がさかんで、自動車などの機械類、飛行機などの航空・宇宙産業、原子力産業など、先端技術の開発も進んでいます。

▼性的少数者を象徴するレインボーカラーの階段。フランスは、平等や友愛の精神をもとに、性的少数者LGBTQ＋の権利を守る意識が高い。

▲観光客でにぎわうパリ市内モンマルトルの丘にあるサクレ・クール寺院。フランスは、外国からの観光客数が世界一多い国。

首都パリでくらす家族

重厚な石づくりのアパルトマン

　フランスの住宅は、郊外や地方だと一軒家が多く、都心部ほどアパルトマン（集合住宅）が多くなります。パリ中心部には、築100年をこえる重厚な石づくりのアパルトマンがたちならんでいます。水道やガスの配管、電線が地中にあるため、まちは美しく調和がとれています。

　10歳（5年生）のイリス・ガエタさんは、パリ北部のロミエールというまちのアパルトマンに住んでいます。両親と3人姉妹の5人家族で、イリスさんは末っ子です。このアパルトマンは、住居の中に階段があって上下の階がつながっているメゾネットタイプです。そのため天井が高くて風通しがよく、たくさんの日差しが入る機能的なつくりになっています。

1階

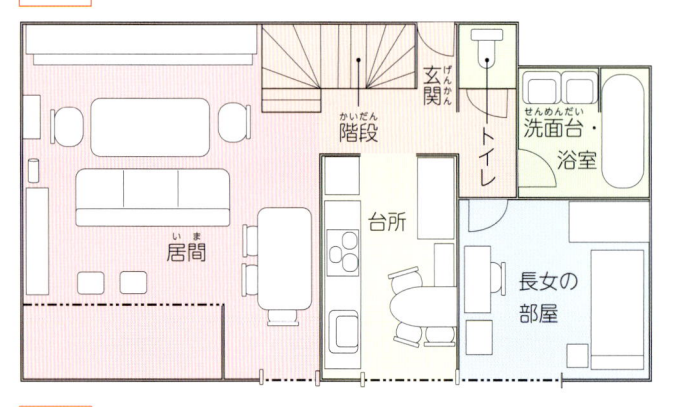

2階

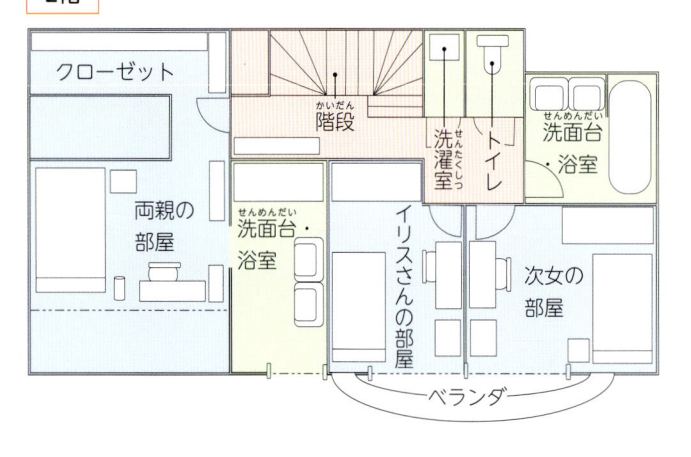

▲▶明るく清潔な台所（上）。シンクの下にはごみ箱が収納されている（右）。

▼たくさんの本がある居間。左から、教育省で仕事をする父、イリスさん、母、長女のアデルさん（17歳）、次女のビアンカさん（15歳）。

▲2階の廊下にも本棚があり、イリスさんはここで本を読むのが好き。

▲祖母と3人姉妹の写真。

▼親子3人で外出。11歳くらいまで、子どもが外で遊ぶときは親がつきそう。

▲両親の結婚写真。

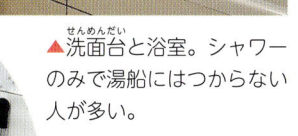

▲洗面台と浴室。シャワーのみで湯船にはつからない人が多い。

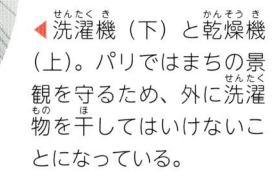

◀洗濯機（下）と乾燥機（上）。パリではまちの景観を守るため、外に洗濯物を干してはいけないことになっている。

俳優を夢見る女の子

家族いっしょの時間を大切にする

　イリスさんは、いろいろなことに興味をもつ活発な女の子です。学校帰りには公園によって遊具で遊び、家では映画を見たり読書をしたりします。今、スケートと絵画、演劇の習いごとをしていますが、いちばん楽しいのは演劇で、将来は俳優になりたいと思っています。

　イリスさんの両親は毎日仕事でいそがしく、なかなか家族全員の時間がとれません。そこで、家族で外出するときは、全員のスマートフォンを家に置いていくルールをつくりました。全員いっしょにいるときくらいは、みんなで会話を楽しみたいからです。

▲階段で上下の階がつながっている。1階には長女の部屋が、2階に両親と次女、イリスさんのそれぞれの部屋がある。

▶遊びにいくときは、キックスケーターを使うことが多い。

▲イリスさんの勉強机（上）。机の前にはお気に入りの写真やカードをかざっている（右上）。

▲イリスさんの部屋は、明るくてカラフル。

▲姉の部屋でいっしょにパズルをして遊ぶ。

▲自分の部屋は自分で掃除するのがルール。

▲2階の廊下でラジコンカーを操作して遊ぶ。

▲冷蔵庫に貼ってある食卓の準備のお手伝い表。イリスさんは水曜日と金曜日が担当。

自分でぬったネイル、きれいでしょう！

動画が見られる！

イリスさんの1日

　イリスさんは朝7時10分に起きます。準備して家を出るのは8時5分で、学校までは歩いて15分の距離です。授業が終わるのは4時30分で、親がむかえにくる6時まで学童保育で習いごとをしたり宿題をしたりします。いちばん好きな教科は理科と国語で、太陽と地球の関係や冒険小説に興味があります。今、両親に犬を飼いたいとお願いしているところです。

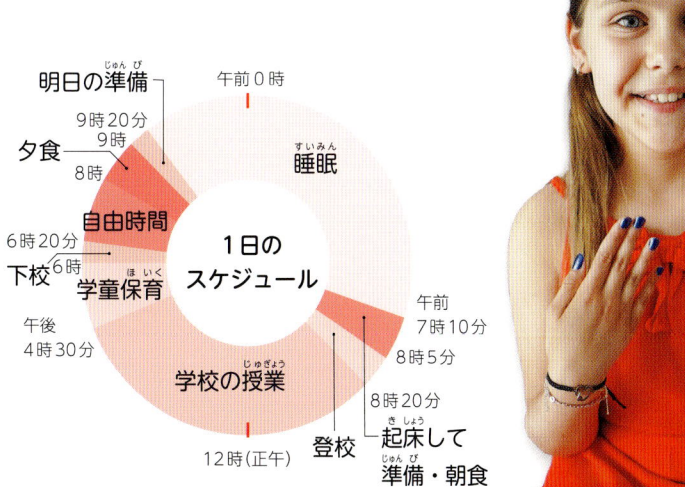

1日のスケジュール

明日の準備
午前0時
9時20分
9時
夕食
8時
睡眠
自由時間
6時20分
下校 6時
学童保育
午後
4時30分
学校の授業
午前
7時10分
8時5分
8時20分
起床して
準備・朝食
登校
12時（正午）

地方の一軒家に住む家族

▲大きな屋根が特徴の2階建ての一軒家。住居の奥に広い庭がある。

子どもの人生は子どものもの

　フランス西部、ロワール川の河口に位置するまちナントに住むジャンヌ・シャリエールさんは、11歳の女の子です。両親と、9歳の弟ユゴーさんとの4人家族で、広い庭がある2階建ての一軒家でくらしています。

　両親は、子どもたちに「人生をかけて情熱を注げるものを見つけ、仕事をして自立できる大人になってほしい」と言います。また、「親への心配はいらないから、なるべく早く家を出ていってほしいな」と笑いながら話します。自分の子どもを愛し大切に思うからこそ、1人の人間として、子どもにもそれぞれの人生があると考えるフランスらしい教育方針です。

広くて居心地のよい居間。左からジャンヌさん、弟、父、母。庭へと続く窓が大きいので、明るい光がたくさん入る。

▲2階までふきぬけになっている階段。

▼ジャンヌさんは、家族みんなで庭でくつろいだり、遊んだりする時間が好き。庭ではトマトやラズベリーを育てている。

▲ジャンヌさんが大好きな絵本や日本の漫画。

▲おもちゃがいっぱいの弟の部屋。

▲宿題をするジャンヌさん。机にはお気に入りの小物がいっぱい。

▶飼っているネコの名前はパイエット（キラキラという意味）。

もう少しで母の身長をこえます！

▲庭の奥にある物置小屋は父の手づくり。

インタビュー　バスケットボールが大好き！

　私は2か月後に中学2年生（フランスの学校制度→p23）になります。学校で成績がよいのは国語で、苦手なのは理科です。宿題は毎日1時間ぶんくらいあって、宿題については「忘れずにやっているか」と、両親の目がきびしいです。私は体を動かすことが好きなので、週に2回バスケットボールのクラブに通っています。今の身長は162cmで、将来はプロバスケの選手になりたいと思っています。

フランスの家庭料理

家族でゆっくりと楽しむ夕食

　フランス料理は、一国の料理としてはじめてユネスコ無形文化遺産に選ばれるなど、長い歴史と洗練された料理法をもつ美食の文化です。

　ただ、ふだんの家庭料理は、いそがしい現代生活にあわせ、朝はパンとジャムに飲み物、昼はサンドイッチなど、すぐに用意できるものがほとんどです。また、働いている女性が多く、夕食は肉料理と野菜などを1皿に盛りつけて食べる家庭が最近はふえています。

　ジャンヌさん（→p12）の両親も共働きですが、夕食や休日は、負担にならない程度で、前菜からデザートまでの料理を必ず用意します。今日あったことなどを話しながら、ゆっくりととる食事は、家族の幸せな時間です。

休日の天気のよい日などは、庭のテーブルで食事を楽しむ。

野菜の肉づめのつくり方

◀材料はズッキーニとトマト、タマネギ、パセリ、ニンニク、シリアル、牛乳、ひき肉、塩コショウなど。

▲❶：ズッキーニとトマトの中身をスプーンでくりぬく。

◀❷：❶以外の材料をすべてまぜあわせて肉づめのあんをつくる。

あんをつめるのは私の役目！

動画が見られる！

◀**③**：**②**を**①**につめたら耐熱皿に移してオーブンに入れる。

▼**④**：約200℃で35〜40分間焼いたらできあがり。

この日の献立

①前菜：ワイン（子どもは炭酸水）にオリーブ、プチトマト、サラミ。

②サラダ：メロンとキュウリ、ヒツジとヤギ乳のチーズ、ミントをまぜたもの。

③主菜：夏野菜（トマトとズッキーニ）の肉づめ。

④チーズ：盛りあわせ。イチジクのジャムをそえて。

⑤デザート：スイカとイチゴ、ラズベリー、ミント。最後にコーヒー（子どもは飲まない）。

洗練された豊かな食文化

地産地消のこだわり

農業大国であり、食を文化と考えるフランスの人びとは、食材へのこだわりが強くあります。近くの農場や海でとれた新鮮な野菜や果物、海産物などをマルシェ（朝市）で購入し、パンはなじみのパン店で毎日焼きたてのものを買うのが一般的です。これは、地域で生産されたものをその地域で消費する「地産地消」の考え方で、食の安全や食料自給率の向上、地元の農家や漁師を応援することにもつながります。

フランス料理は、こうした食材をベースにして、長年研究されてきた調理技法と豊富な調味料を使ってできあがります。ただおいしいだけでなく、色彩や形、食器にまでこだわり、芸術レベルに高めていることが特徴です。

各地で大小さまざまなマルシェが開かれ、地元住民の「台所」としてにぎわっている。

ここに注目！

フランス生まれの菓子

グルメの国フランスは、おいしい菓子でも世界的に有名です。マカロンやカヌレをはじめフランス生まれの菓子も多く、まちのパン店やケーキ店には、色とりどりの美しい菓子がならんでいます。

▶伝統的な菓子から現代風のケーキまでがならぶパン店のケーキコーナー。

フランスの代表的な料理

▲塩づけにした鴨肉を低温の鴨のオイルでじっくりと煮こんだ「鴨のコンフィ」。

▲食用カタツムリをニンニクやパセリ入りのバターでいためた「エスカルゴ」。

▲魚介類を香味野菜で煮こんだマルセイユ（→p36）の名物スープ「ブイヤベース」。

▲「ガレット」の調理。具材をのせたソバ粉の生地を鉄板でうすく焼く。

▲生魚はほとんど食べないが、「生ガキ」はよく食べる。カキは養殖が多い。

▲生の牛肉をミンチにしてスパイスなどで味つけした「タルタルステーキ」。

▲ソバ粉の生地でつくったクレープにハムやチーズなどをのせた「ガレット」。

▲タルト生地に卵や生クリーム、チーズ、野菜などを入れて焼きあげた「キッシュ」。

▲卵白や粉砂糖、アーモンドの粉末などを使用した焼き菓子「マカロン」。

▲卵黄やバター、小麦粉などを使用しラム酒でかおりづけした焼き菓子「カヌレ」。

▲細長く焼いたシュー生地にクリームを入れ、表面にチョコをかけた「エクレア」。

▲タルト生地にカスタードクリームを流して香ばしく焼きあげた「フラン」。

魅力あふれる花の都パリ

▼◀ガラス張りのピラミッドが印象的なルーブル美術館（下）と館内にあるアポロンの間（左）。

▲ロシア・オーストリア連合軍との戦いで、ナポレオン軍が勝利した記念として建てられたエトワール凱旋門。

■ 政治・経済・交通の中心地

フランスの首都パリは、約215万の人びとがくらす大都市です。市街地の大きさは東京のJR山手線の内側くらいで、パリの中央を走るセーヌ川をはさんで右岸と左岸に分けられます。

パリには、国会議事堂や国立銀行、国鉄が運営する6つのターミナル駅などがあり、フランスの政治・経済・交通の中心地として機能しています。凱旋門やエッフェル塔などの建築物と美しいまちなみ、ルーブルやオルセーなどの美術館、チュイルリーやリュクサンブールにある公園や庭園と、世界に誇る文化・芸術の都でもあります。このように数多くの名所をもつパリですが、市民のあいだに息づく生活のたたずまいも魅力のひとつです。定期的に開かれるマルシェや蚤の市、古本市も、パリの風物詩として定着しています。

エッフェル塔は、フランス革命100周年を記念して1889年に建設された。また世界遺産でもある「パリのセーヌ河岸」は、2024年パリオリンピック開会式のパレードの舞台にもなった。

▲多くの有名画家が住んでいたモンマルトルの丘にある似顔絵店。

▲パッサージュとよばれるガラス屋根におおわれた歩行者専用通路。両側が商店になっている。

▲老舗デパートのひとつギャラリー・ラファイエットの店内。

▲花の都パリを象徴するシテ島の花市場。

▲通りぞいに数百の小売店がたちならぶヴァンヴ蚤の市。

ここに注目！

ノートルダム大聖堂

パリにあるゴシック建築の代表作ノートルダム大聖堂は、2019年4月に大規模な火災にみまわれました。世界じゅうから集まった多額の寄付によってすぐに再建が始まり、2024年末にもとのすがたによみがえりました。

▲再建中の大聖堂（2023年時）。

パリの便利な交通網

▲地下鉄アンベール駅の入り口。曲線や植物を題材にしたアール・ヌーボー調のアーチが特徴だ。

■ 充実した交通網

　ふだんフランスのまちで見かける警察官や消防士、駅員の表情は、みんなやわらかな笑顔です。しかし、いざ任務となると真剣な顔つきに変わり、仕事への高い誇りが感じられます。

　パリの交通網は、地下鉄「メトロ」や高速郊外鉄道「RER」、バスなどが充実していて、移動に困ることはありません。最近は、排ガスをおさえ騒音も少ない路面電車「トラム」の普及

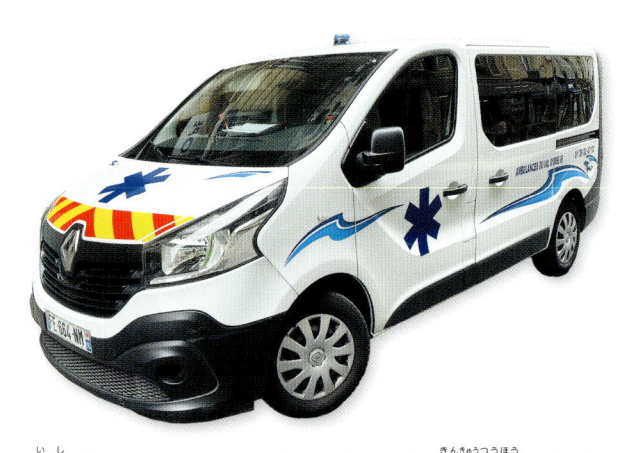

動画が見られる!

▲◀パリの地下鉄は全14路線。13号線（上）とその車内（左）。

▲医師が同乗している有料の救急車「サミュ」。緊急通報は「15」番。

▲鉄道の線路敷設工事をしている作業員。

▲トラムの3号線。環境保護や自動車の利用率を減らすためトラムの普及が進む。

▲▶フランスのターミナル駅のひとつリヨン駅。ホームにとまる高速列車TGV（上）と車内のようす（右）。

も進められています。また、フランスの新幹線ともいえるTGVは、最高時速574.8kmを記録した高速列車で、国内だけでなく国境をこえて多くの都市を結んでいます。フランスが世界に誇る鉄道技術は、便利な移動手段を追求すると同時に環境にもやさしくあるべきだとも考えられています。

▲フランス国旗の3色を取りいれたもようのパトカー。緊急通報は「17」番。

ここに注目！

暴力は許さない

　フランスは、民主主義をかかげる先進国のひとつです。しかし貧困や格差が拡大した影響で、国内で生まれ育った人が自国内で起こすテロが頻発しています。テロとは、暴力によって自分たちの考えを主張したり、認めさせたりしようとすること。フランス政府は、テロは絶対に許さないという立場で戦っています。

▲世界的な観光地モン・サン・ミッシェルを巡回する武装警備隊。

フランスの公立小学校

動画が見られる!

義務教育は13年間

　フランスの学校は、小学校が5年間で中学校が4年間です。これに幼稚園の3年間と高校の1年間をふくめ、3歳から16歳までの13年間が義務教育です。成績がよければ飛び級をすることがありますが、逆に授業についていけない場合は、留年することもあります。また、高校の卒業時には「バカロレア」という資格試験を受け、これに合格した人だけが希望する大学に入学することができます。学費は、公立であれば幼稚園から大学まで無料です。

　フランス西部ブルターニュ地方の中心都市レンヌにあるパブロ・ピカソ小学校*は、1977年開校の歴史ある公立校です。2022年には幼稚園もふくめた新校舎が完成し、現在、約100人の児童が学んでいます。先生のほとんどが地元出身で長く勤務しているので、保護者も先生の知りあいという、家庭的な雰囲気の学校です。

▼パブロ・ピカソ小学校の児童たち。小さな学校なので、学年に関係なくみんな仲よし。

▲▶新校舎（上）と学校の銘板（右）。学校名の下に「自由・平等・友愛」というフランス国民の標語が書かれている。

Ecole Publique
Pablo Picasso
Liberté · Égalité · Fraternité

＊ほとんどの小学校は、フランスに強い影響をあたえた政治家や芸術家、学者などの名前がつけられている。画家ピカソは、スペイン人だが、フランスでくらしながら多くの作品を制作した。

▼明るくてカラフルな教室。机の配置は、学習進度にあわせてグループにすることもある。

▲学校図書館にはソファーやクッションが置いてあり、自由に読書を楽しめる。

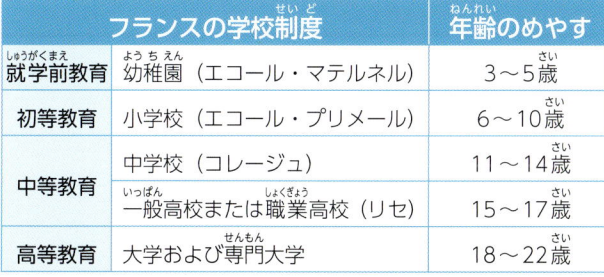

▲◀幼稚園児（上）と園児の昼寝用の部屋（左）。

フランスの学校制度		年齢のめやす
就学前教育	幼稚園（エコール・マテルネル）	3〜5歳
初等教育	小学校（エコール・プリメール）	6〜10歳
中等教育	中学校（コレージュ）	11〜14歳
	一般高校または職業高校（リセ）	15〜17歳
高等教育	大学および専門大学	18〜22歳

＊幼稚園（3歳）から高校1年生（16歳）までが義務教育。

ぜひ友達になりましょう！

グウェンドリン先生

[パブロ・ピカソ小学校低学年担任]

　ボンジュール（こんにちは）！　私が担任するクラスは、今、18人の児童がいます。読み書きや算数、英語などを勉強しています。先日は海辺に1週間の臨海学校に行き、たくさんの生き物とふれあいました。ここブルターニュには美しい自然がいっぱいなので、パブロ・ピカソ小学校に遊びにきてくださいね！

さまざまな授業と休み時間

▲▶5年生の算数の授業（上）。今日はプリントを使って勉強する（右）。

1週間に4日間の授業

フランスの小学校は、1週間のうち月・火・木・金曜日の4日間しか授業がありません＊。そのぶん1日の授業時間は、低学年でも朝9時から午後4時30分までと長いことが特徴です。

また、国や自治体、学校での大まかな教育方針はありますが、先生の判断で教科書を使わずに授業をしたり、時間割を日によって変えたりすることもできるので、児童たちは「今日は何をするのかな」とワクワクしながら学校に通ってきます。

2年生（7歳）の時間割

時間	月	火	木	金
9：00～9：15	朝の会			
1時間目 （9：15～10：30）	国語	国語	国語	国語
10：30～10：45	休み時間			
2時間目 （10：45～12：00）	算数	算数	算数	算数
12：00～13：30	昼休み			
3時間目 （13：30～15：15）	コーラス／図工／英語／作文	文学／体育／英語／作文	文学／算数／英語／作文	文学／図書館／英語／作文
15：15～15：30	休み時間			
4時間目 （15：30～16：30）	地理	理科	生物	道徳

▲先生の質問に、すばやく答えをボードに書いてかかげるゲーム形式の授業。

▲理科の授業。発言したいときは人差し指を立てて手をあげる。

＊週5日間（水曜日のみ昼までの授業）の小学校もある。

▲学校図書館で、地球環境について学ぶ低学年の授業。

▲校庭わきの菜園で栽培している野菜を収穫する体験授業。

▲校庭で遊ぶ子どもたちと、コーヒーを片手にくつろぐ先生たち。

■ 休み時間と給食

　パブロ・ピカソ小学校では、午前と午後に15分ずつ、昼には給食の時間をふくめて1時間30分と、長めの休み時間がとられています。休み時間になると、児童は校庭に出てさまざまな遊具で遊びます。給食は、コース料理（前菜と主菜、パン、デザート、乳製品）と同じような内容がワンプレートで提供されます。また、アレルギーやベジタリアン食、宗教食にも対応しており、これは多様な民族がくらすフランスらしい特徴です。

▲▶給食は食堂で食べる（上）。学期末のため、ハンバーガーとフライドポテトのかんたんなメニュー（右）。

▼高学年の児童たち。

25

フランスの私立小学校

子どもの自主性を養う授業

　フランス南東部の都市リヨンに、「黄金文字」という校名の私立小学校があります。子どもが自ら成長しようとする力を引きだし、学ぶことが大好きな、自分を表現できる人間になることをめざす「モンテッソーリ教育*」を取りいれた学校です。全校生徒は30人で、6～12歳の年齢のことなる児童たちが1クラス10人前後で学ぶ少人数制です。毎日、みんなの前で調べてきたことや自分の考えを発表したり、全員で話しあいの時間をもったりするなど、子どもの自立心を育む授業が多いことが特徴です。

「てんとう虫」クラスの子どもたちとソフィー先生。出身国も年齢もさまざまな子どもたちが、同じクラスで助けあいながら学ぶ。

動画が見られる！

▲自分の考えを先生やみんなにしっかりと伝える力をのばす。

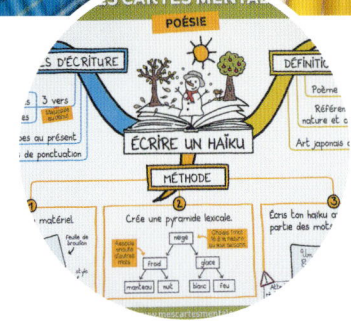

▲▶日本の俳句の授業。文字数を考えながら文章をつくる（上）。俳句のルールや書き方の説明書（右）。

◀フランス革命について、自分の調べてきたことをみんなの前で発表する。

26　　＊20世紀初めのイタリアの医師で教育者のマリア・モンテッソーリが考えだした教育法をモンテッソーリ教育という。

▲給食の時間。テーブルにラディッシュ、バター、パン、スイカ、ヨーグルトがならんでいる。

▲ナイフとフォークを使い、テーブルマナーを学びながら食事する。

▲午前と午後に20分ずつ、昼食後は30分の休み時間がある。

▲主菜はハムとパスタの入ったグラタン。おかわりする児童も多い。

子どもの遊び

ゲームも外遊びも大好き

外遊びは保護者同伴がルール

　フランスの子どもたちは、屋外で体を動かすことが大好きです。放課後や休日の公園は、たくさんの子どもたちでにぎやかです。ただし、小学生の子どもは、公園などに1人や友達とだけで遊びには行けません。安全などを考え、必ず保護者かベビーシッターなどの大人がつきそうというルールがあるからです。保護者なしで登下校したり外へ遊びに行ったりすることができるのは、中学校に入学（11歳）してからが一般的です。

　屋内での遊びも豊富にあります。中学生くらいまでは家庭用ゲーム機をあたえない親も多く、そのかわり家族や友達どうしでボードゲームやトランプをふくめたカードゲーム、チェスなどで遊びます。1人でもできるぬり絵やパズル、折り紙なども人気の遊びです。

▲ぬり絵で遊ぶイリスさん（→p8）と姉。

▲折り紙は人気の遊び。つくり方を解説した本もたくさんある。

▲結婚式の会場（→p34）でシャボン玉をつくって遊ぶ女の子。

ジャンヌさん一家（→p12）は、夕食前によくボードゲームやトランプをする。写真は「スカイジョ」という、12枚（まい）の手札の数字の合計数を少なくするカードゲーム。

ここに注目！

フランスのじゃんけん

　フランスのじゃんけんは、日本と同じ「石」、「紙または木の葉」、「ハサミ」の3種類でする方法もありますが、これに「井戸（いど）」を加えて4種類ですることもあります。確率的（かくりつてき）に「紙または木の葉」か「井戸（いど）」を出すと勝ちやすい（下図（ず））ですが、逆（ぎゃく）をついて「石」や「ハサミ」を出すという作戦も考えられます。おもしろいけど、おぼえるのに時間がかかりそうですね。

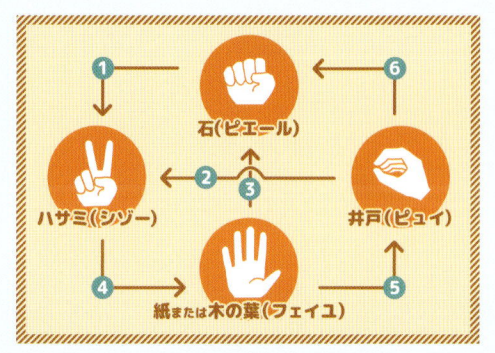

▲❶石はかたいのでハサミに勝つ。❷井戸（いど）はハサミをしずめて勝つ。❸木の葉は石をつつんで勝つ。❹ハサミは木の葉を切って勝つ。❺木の葉は井戸（いど）をふさいで勝つ。❻井戸（いど）は石をしずめて勝つ。

▲リヨンの「黄金文字」小学校（→p26）の休み時間。なわとび（左）やケンケンパ（中央）、竹馬（右）などで遊ぶ。

家族や友達とすごす休日

遊園地「レ・マシン・ド・リル」の機械じかけのゾウ。『海底二万里』の作者ジュール・ベルヌが生まれた都市ナントにあり、彼の世界観を表現している。

▲▶子どもたちに大人気の人形劇（ギニョル）。

バカンスと人気のスポーツ

　家族の時間を大切にするフランスでは、休日によく外出します。近くの公園でピクニックやサイクリングをしたり、遊園地などに行ったりすることもあります。学校は夏休みのほかに、季節や行事ごとに2週間程度の休みがあるので、「バカンス」とよばれる家族旅行に出かけます。行き先は別荘やキャンプ場、祖父母が住む田舎など。海外旅行に行くこともあります。

　またフランスは、近代オリンピックで獲得したメダルの総数が世界トップ5に入るほどのスポーツ大国。男子に人気があるスポーツはサッカーで、女子は体操やバレエを習うことが多いようです。そのほか乗馬やテニス、バスケットボール、フェンシング、柔道なども人気です。

▲ 絵画教室でデッサンを学ぶ子どもたち。小学生の習いごとは、授業^{じゅぎょう}がない水曜日か週末に通うことが多い。

▲ パリのリュクサンブール公園内にある、池に舟^{ふね}を浮^うかべる遊び場（上）とポニーの乗馬体験場（下）。

▲ 鉄球を目標に向けて投げる「ペタンク」は、フランス生まれのスポーツ。

▲ ファンでにぎわう人気プロサッカークラブ「パリ・サンジェルマンFC^{エフシー}」の公式ショップ。

 ここに注目！

サマーキャンプ

フランスでは夏休みに1〜3週間くらいのサマーキャンプがあり、ほとんどの子どもが参加します。キャンプの内容^{ない}は年齢^{ようねんれい}によってさまざまで、乗馬やハイキング、絵画^{はな}などを経験^{けいけん}します。家族や学校から離^{はな}れ、はじめて会う人たちと生活をともにすることで、コミュニケーション能力^{のうりょく}や自立する力を養う機会になっています。

▲ 夏休みに入ると、駅の構内^{こうない}はサマーキャンプに行く子どもたちでいっぱいになる。

キリスト教と革命記念日

国民の大半がカトリック教徒

　フランスは、国民の大半がキリスト教のカトリック信者です。どんな小さなまちや村にも教会があり、信仰が生活のなかに根づいていることを感じさせます。若い世代には無宗教の人もふえていますが、1年を通してみると、復活祭やクリスマスなど、キリスト教と深くかかわる祝祭日が多いことも事実です。またフランスでは、宗教を政治や教育と分けて考えるので、公立の学校で宗教の授業はありません。そのため、信仰心が強い家庭は、教会が運営する私立の学校に子どもを通わせることが多いようです。

▲▶モン・サン・ミッシェルを象徴する大天使ミカエル像（上）と、ローソクに火をともす子どもたち（右）。

▼頂上にそびえる修道院を中心に、教会や塔が建つ島モン・サン・ミッシェル（世界遺産）。

▲カトリックの巡礼地として発展したモン・サン・ミッシェル島は、観光地としても世界的に有名になった。

フランスのおもな祝祭日（2024年）		
1月	1日	新年
4月	1日	復活祭の翌日の月曜日
5月	1日	メーデー
	8日	戦勝記念日（第2次世界大戦）
	9日	昇天祭
	20日	聖霊降臨祭の翌日の月曜日
7月	14日	革命記念日
8月	15日	聖母被昇天祭
11月	11日	休戦記念日（第1次世界大戦）
12月	25日	クリスマス

▲2024年の例。復活祭や昇天祭、聖霊降臨祭などは、毎年日付が変わることに注意。

▲革命記念日にパレードの中継準備をするテレビ局のスタッフ。

革命記念日のパレード

　フランス最大の祭りといえば7月14日の革命記念日です。1789年のこの日に「自由・平等・友愛」の精神をもとに、フランス革命が始まったことを記念して国の祝日とされています。

　パリの凱旋門に続くシャンゼリゼ通りでは、大統領をはじめ、軍隊や警察隊、消防隊などのパレードがあり、沿道は観覧者であふれます。またほかの地区でも、演奏会やダンスパーティーが開催され、祭りの最後に打ちあげられる花火がパリの夜空を美しくいろどります。

▲200頭におよぶ騎馬隊のパレードは迫力満点。

▲空軍の曲技飛行チームが、スモークでフランス国旗の3色を空にえがく。

▲フランス陸海空軍の各部隊や、招待された他国の部隊も行進する。

結婚式と誕生日会

市役所で結婚式

　フランスの結婚式は、一般的に市役所でおこなわれます。新郎・新婦と保証人が招待客の前で書類にサインし、最後に市長がサインすることで結婚が認められるからです。

　その後、教会に行って宗教的な結婚式をする場合もありますが、最近は市役所からそのまま大きな会場や別荘などに移動することが多いようです。そこでは結婚披露宴とダンスパーティーがひと晩じゅうもよおされます。翌朝は、新郎・新婦自らが朝食を用意し、招待客に提供するという習慣もあります。

結婚式 ▼市役所での結婚式の最後に、招待客が花びらを投げて新郎・新婦の見送りをするフラワーシャワー。

◀新郎・新婦のもとに結婚指輪を運ぶ子どもたち。

▲市長（左）のもと、新郎・新婦（右の2人）と、それぞれの保証人（中央の男性2人）が書類のサインに立ちあう。

誕生日会

▲数字の6の風船をもったアストールさんを中心に記念撮影。

市役所の中庭で記念撮影。
招待客の服装にきびしい
ルールはなく、清潔であれ
ばカジュアルでも問題ない。

▲▶誕生日ケーキでお祝い（上）。
プレゼントをもらって大興奮（右）。

▼水鉄砲をもった子どもたちが、
逃げるアストールさんの父を追
いかける遊びでもりあがる。

公園で誕生日会

　子どもの誕生日会は、自宅だけでなく、公園
や飲食店の一角を借りきって開くことも多くあ
ります。パリに住むアストールさんの6歳の誕
生日会は、仲のよい友達4人を招待して近くの
公園でもよおされました。アストールさんの両
親がかざりつけをし、料理をならべて誕生日会
の準備をします。子どもたちは、公園で遊んだ
り菓子を食べたりしてからケーキでお祝いしま
した。アストールさんはもらったプレゼントを
開けていき、みんなにお礼を言いました。

地中海の港まちマルセイユ

▲たくさんのヨットやボートが係留されているマルセイユ旧港。

▶高台にそびえ立つノートルダム・ド・ラ・ガルド聖堂。右下の写真は、ロマネスク・ビザンチン様式の聖堂内部。

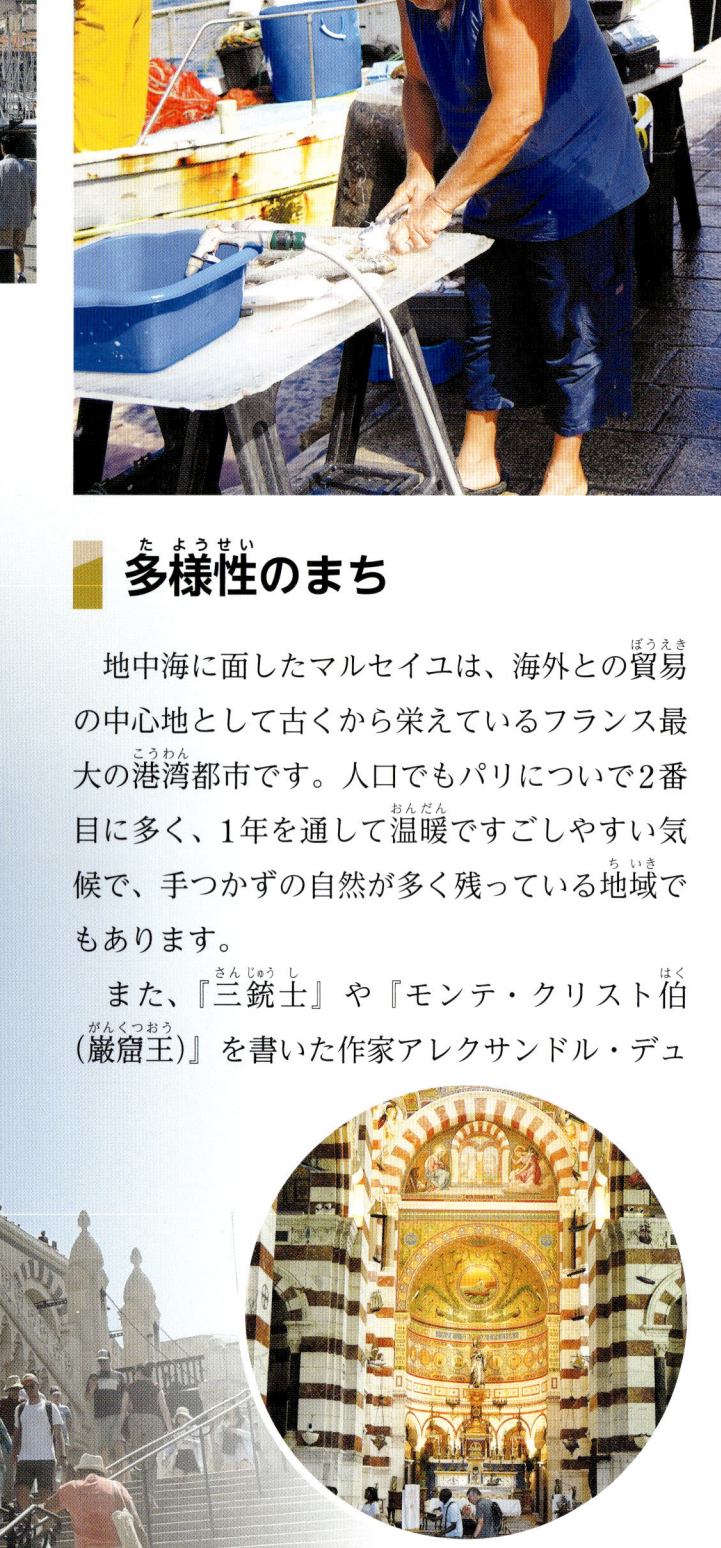

多様性のまち

　地中海に面したマルセイユは、海外との貿易の中心地として古くから栄えているフランス最大の港湾都市です。人口でもパリについで2番目に多く、1年を通して温暖ですごしやすい気候で、手つかずの自然が多く残っている地域でもあります。

　また、『三銃士』や『モンテ・クリスト伯（巌窟王）』を書いた作家アレクサンドル・デュ

水あげされたばかりの新鮮な魚介がならぶ魚市場。マルセイユ名物「ブイヤベース（→p17）」は、もとは市場で売れのこった魚を煮こんでつくったスープといわれる。

▲港近くの広場でチェスの多面指しをしている男性と挑戦する子どもたち。

マが「全世界の集会所」とよんだように、マルセイユは紀元前から世界各国の船が行きかい、外国からの移住者を受けいれてきました。今もまちを歩くと、北アフリカ、西アジア、東アジアなどにルーツをもつ人びとのすがたを多く目にします。

　このような長きにわたる世界との交流が、マルセイユを多様性のまちへと育み、人びとの心や生活を豊かにしていったのです。

▲北側の旧市街パニエ地区は、アートのまちとして注目されている。

ここに注目！

昔ながらのマルセイユ石けん

　マルセイユの名物には「マルセイユ石けん」もあります。植物由来の原料だけを使用し、伝統的な製法でつくられます。添加物が少しでも入ると「マルセイユ石けん」とは認められません。フランスでは、食品などの「口にするもの」、石けんや化粧品などの「肌にふれるもの」に関して、とくにきびしいルールを設けており、健康と美容に対するこだわりがうかがえます。

▲良質なプロバンス産のオリーブオイルでつくられた色とりどりのマルセイユ石けん。

自然の恵みとものづくり

◀▲フランスパンは代表的なバゲットのほか、太くて短めのバタール、大きいパリジャンなど、いろいろな種類があり（左）、お客さんは料理や好みによって買いわける（上）。

自然の恵みをいただく仕事

フランスの美食を代表する食べものといえば、パンとワイン、チーズです。フランス家庭の食卓に欠かせないこの3つの生産者は、みんな「自然の恵みをいただくという気持ちがなければ、おいしいものはつくれない」と考えています。有機栽培でつくった良質な小麦やブドウからパンとワインが、大事に育てた牛やヒツジの乳からチーズができることに感謝し、自然があってこその自分たちの仕事だという意識を強くもっているのです。

バゲットができるまで

動画が見られる！

❶小麦粉と水、塩とイーストでつくった生地を発酵させ、切りわける。

❷生地をのばして麻の布に包み、少し時間を置くことで成形しやすくする。

❸切れ目を入れて形をととのえ、もう1度発酵させてから焼き窯に入れる。

❹その日の気温や湿度にあわせて時間を調節しながら焼きあげる。

ブドウ（左）の出来は土壌のよさに関連するため、畑の手入れに時間をかける（上）。

ワイン醸造所

▲赤ワインは、タンクにブドウを皮ごと漬けこみ、あとでしぼりかすをとる。

▶「3つの屋根」という名前のこのワイン醸造所では、2019年に5万本のワインを出荷した。

チーズ熟成所

▲湿度98％に保たれた保管庫で7〜10日間熟成させる。

▲熟成所でつくられた大型のブリーチーズ*。

インタビュー

イザベル・ガノーさん

[ガノー・チーズ熟成所5代目]

私をふくめた家族経営のこのチーズ熟成所は、1895年創業で130年の歴史があります。ここブリー地方（パリ盆地東）の草原は良質な芝が育つので、酪農に適した場所です。チーズができるのは、土、草、牛とその乳、そしてカビ菌と、すべて自然のおかげなんです。

▶日本企業で15年間働き、その後5代目として家業を継いだイザベルさん。

＊白カビチーズのひとつ。フランスのブリー地方でつくられてきた伝統的なチーズ。

こだわりの職人仕事

マイヤーさんは、楽器の仕事にたずさわって35年。現在は、おもに18〜19世紀の楽器を修理し、音楽学校の学生などに安く提供している。

▶古いサクソフォンのキイ（指でおさえる部分）を修理する。

世界じゅうの人と出会える幸せ

　パリのターミナル駅のひとつサン・ラザール駅の裏手には、音楽学校の名門であるパリ地方音楽院があり、その周辺には楽器店や楽譜を売る店がたちならんでいます。「音楽通り」とよばれるその場所に、管楽器の修理を専門にするフレデリック・マイヤーさんの店があります。

　クラリネット奏者で、古い楽器の収集家でもあるマイヤーさんは、この仕事に情熱と誇りをもっています。芸術や音楽が好きな世界じゅうの人との出会いが毎日あるので、仕事がつらいと思ったことはありません。そして、親といっしょに来店した子どもが、はじめて楽器を手にしてうれしそうにしているすがたを見ることが、何よりも幸せだといいます。

▲楽器の中にライトを入れ、空気もれをチェックする。

人生は何歳からでも挑戦できる

　パリ郊外にアトリエをもつキャロル・カレさんは、以前は公証役場（法的な書類をつくるところ）で仕事をしていました。しかし4年前、市場で見かけた陶器のライトスタンドに一目ぼれし、陶芸家になろうと決心しました。キャロルさんは「自分の年齢のことはまったく気にならなかった。人生は何歳からでも挑戦できるものです」と楽しそうに言います。

▲キャロルさんはアトリエにたくさんの作品を展示している（上と下）。花や木などの自然からアイディアを得ているという。

◀980℃の窯で焼き、釉薬を塗ってから1300℃でもう1度焼く。

人生にむだな経験はひとつもないのです！

 **インタビュー**

キャロル・カレさん
[陶芸家]

　私はもともと役場で仕事をしながら、火山のガイドもしていました。地理学とか土についても興味があったんです。また、大学時代は医学を専攻していたので、化学の知識もあります。陶芸制作で、土をこねたり釉薬を手づくりしたりしていると、今までの経験が全部いかされていて、人生のおもしろさを感じます。

41

みんなが幸せな社会をめざす

助けあいの精神で

　フランスは、SDGs運動が始まるずっと前から環境問題に取り組んできました。スーパーでは「当店では毎月35tの食品を節約」、駅では「電車の二酸化炭素排出量は自動車の50分の1、飛行機の80分の1です！」などと、わかりやすい宣伝文や標語をよく目にします。また、男女平等や性差別への取り組み、安全なくらしのために働く人びとなど、みんなが幸せになる社会をめざして行動する人が多くいます。

　近年の大きな課題は、貧困をなくすことです。労働力不足の解消のため海外から多くの移民を受けいれてきましたが、仕事の多くは単純労働で低賃金のため、貧困層がふえているのです。

▲ビニール袋などの包装をなくすために、はかり売りで購入できる食料品店がふえている。

◀地球環境のためにレンタル自転車の普及と自転車専用レーンの整備が進む。

▲公園などに設置されている無料の読書箱。自由にもらったり、提供したりできる。

▶電気自動車の普及にともない、まちなかの充電スタンドもふえてきた。

▲南フランスのプロバンスの農園と家屋。都市生活者のような「便利なくらし」はできないが、自然とともに生きる「豊かなくらし」が注目されている。

◀「食品廃棄（フードロス）をなくしていこう！」などの標語がスーパーに貼られている。

▲パン店で働く従業員。国籍や言語、文化的なルーツを他国にもつ人たちをふくめ、みんなが幸せになる社会をめざす。

インタビュー

クレマンティーヌ・ポンスさん
［俳優・演技講師］

　私は、小さいころから演技をするのが好きだったので俳優の仕事を選びました。コメディ映画に多く出演しています。結婚し、出産して1か月のときに撮影現場に子どもを連れていきましたが、スタッフみんなで協力して面倒を見てくれました。また、フランスは法的に結婚していなくても、社会的に家族と認められ、子どもも法律で守られます。フランスでは、育児と仕事のどちらかを選ぶのではなく、どちらも充実させて生活するべきだという考えが、社会全体で共有されているんですよ。

▲子どもを抱くクレマンティーヌさん。

文化でつながる日本とフランス

パリのトロカデロ広場で開催された「Hanamiパリ」。日本風の装飾と屋台フードを楽しむ人びとでにぎわいを見せた。

▲西部の都市ナントのベルサイユ島公園内にある日本庭園。現地の人のいこいの場になっている。

▲パリにある高級ファッションブランドの店舗前に、日本人アーティスト草間彌生の巨大な像がつくられた。

■ 深まる二国間の交流

　日本とフランスの正式な国交は、江戸時代の1858年に日仏修好通商条約が結ばれたときから始まります。幕末から明治時代、日本政府はフランスの軍隊のしくみや法律、進んだ技術を積極的に取りいれました。第2次世界大戦では敵どうしになりましたが、その後に国交を回復して友好関係を続けています。また、先進国の集まりであるG7の国として、地球規模の問題を解決するために協力しあっています。

　現在の両国は、とくに文化面での結びつきが強く見られます。フランスでは和食や日本の漫画などに興味をもっている人が多く、日本ではフランスの芸術やファッション、菓子職人（パティシエ）などにあこがれをいだく人が少なくありません。両国の交流は、今後ますますさかんになることが期待されています。

パリで毎年開かれる「ジャパンエキスポ」は、世界最大規模の日本文化紹介イベント。2023年には4日間で25万人以上が来場した。

▲ジャパンエキスポで、YOSAKOI ソーランを踊る人たち。

▲▶お気に入りのアニメキャラクターのコスプレをした子どもたち（上と右）。

▲▶ジャパンエキスポでは、武道（上）や折り紙（右）など、さまざまな日本文化も体験できる。

フランス基本データ

正式国名

フランス共和国

首都

パリ

言語

公用語はフランス語。プロバンス語、ブリトン語、アルザス語、コルス語、バスク語などの地域言語も話されている。

民族

おもにフランス人(ケルト系、ゲルマン系、古代ローマなどの混成)。ほかに少数民族のブリトン人、バスク人など。近年、移民の比率も高くなっている。

宗教

キリスト教のカトリックが約60%でもっとも多い。プロテスタントは少数。ほかにイスラム教、ユダヤ教など。無宗教の人も一定数いる。国教はなく、宗教と政治を切りはなして考える。

▲パリ6区にあるサン・ジェルマン・デ・プレ教会。ロマネスク様式の建築で、パリに現存する最古の教会。

通貨

通貨単位はユーロ。紙幣は500、200、100、50、20、10、5ユーロの7種類。硬貨は2、1ユーロと50、20、10、5、2、1セントの8種類。1ユーロは160円前後(2024年12月現在)。

▲2024年12月現在、フランスで使用されているユーロ紙幣と硬貨(一部)。

政治

共和制で元首は大統領。国民の直接選挙により選ばれる大統領(任期は5年)と、大統領が指名する首相が行政をおこなう。国会は二院制で、「元老院」とよばれる上院、「フランス国民議会」とよばれる下院がある。元老院(348議席)は間接選挙で選ばれ、任期は6年(3年ごとに半数が改選される)。フランス国民議会(577議席)は直接選挙で選ばれ、任期は5年。選挙権は18歳から。

情報

テレビは公共放送のフランス・テレビジョンの4チャンネルのほか、TF1、カナル＋、M6などの民間放送局、有料放送も多数ある。ラジオは公共のラジオ・フランスや、ニュース専門ラジオなど。新聞は朝刊紙の「ル・フィガロ」「リベラシオン」、経済紙の「ラ・トリビューン」、スポーツ紙の「レキップ」などで、夕刊紙に「ル・モンド」などがある。

産業

主要産業は農業と工業。農業の規模は西ヨーロッパ最大で、食料自給率は120%をこえる。工業は自動車、機械類などの生産が多く、飛行機などの航空や宇宙産業、原子力産業もさかん。また、古くから芸術・文化産業でも世界をリードする。

貿易

輸出総額 6485億ドル(2023年)

おもな輸出品は、機械類、自動車、医薬品、航空機、化学薬品など。おもな輸出先はドイツ、イタリア、ベルギー、スペインなど。

輸入総額 7859億ドル(2023年)

おもな輸入品は、機械類、自動車、天然ガス、石油製品、医薬品など。おもな輸入先はドイツ、ベルギー、オランダ、スペインなど。

日本への輸出

1兆4898億円(2023年)

おもな輸出品は、医薬品、ワイン、バッグ類、一般機械、航空機など。

日本からの輸入

9815億円(2023年)

おもな輸入品は、一般機械、乗用車、電気機器、オートバイなど。

軍事

兵力 20.3万人(2022年)

陸軍11万5000人・海軍3万5000人・空軍4万人・そのほか1.3万人。兵役は義務ではないが、徴兵制の復活が議論されている。

フランスの歴史

ローマ帝国とフランク王国

ヨーロッパの歴史は、戦いと国境変更の歴史といわれます。紀元前1世紀、現在のフランスの国土をふくむガリア地方は、ユリウス・カエサルによって征服され、その後ローマ帝国の一部となりました。ローマ支配のもと都市化が進められ、ギリシャ・ローマ文明の影響を受けながら、フランスの文化的な基礎が築かれます。

ローマ帝国が衰退すると、それにとってかわったのがフランク王国です。5世紀にはキリスト教を国教とし、カール大帝（シャルルマーニュ）の時代に最盛期をむかえて広大な領土を支配しました。しかし9世紀以降、フランク王国は3つに分裂します。東フランクがドイツ、オーストリア、南はアルプス、イタリアの地域で、もうひとつの西フランク（フランス王国）が、現在のフランスの領土に近い形で確立されていきます。10世紀のカペー朝の時代には、フランス王国の中央集権化が進み、王権が強化されていきました。

百年戦争とフランス革命

14世紀半ば、フランスとイギリスの間で、王位継承と領土をめぐって「百年戦争」が勃発します。フランスは、長期にわたる戦いで劣勢に立たされた時期もありましたが、聖女ジャンヌ・ダルクの活躍などもあり、最終的に勝利します。この戦いののち、現在のイギリスとフランスの国境がほぼ決まりました。

◀ 北部の都市ランスのノートルダム大聖堂。ジャンヌ・ダルクは、歴代の王にならい、ここでシャルル7世の戴冠式をおこなうことにこだわった。

15世紀末に入ると、フランスは王国の再建を進めながらイタリアのルネサンスを吸収し、文化・芸術が発展しました。いっぽうで、キリスト教体制への不信に端を発した宗教改革や、16世紀のユグノー戦争（カトリックとプロテスタントの対立）によって、フランス社会は大きな混乱におちいりました。

その後、フランスはブルボン朝の時代に入り、17世紀のルイ13世、14世で絶対王政の最盛期をむかえます。強力な軍隊をととのえ、国力も高まりました。ただし、ぜいたくなくらしを謳歌したのは王族と一部の貴族のみで、多くの市民や農民のくらしは貧しいものでした。そうした背景のなか、財政危機や凶作にみまわれたルイ16世の時代、思想家や市民の不満が高まり、1789年、フランス革命が起こります。そして1792年、王政が廃止され共和制が成立しました。ルイ16世とオーストリア生まれの王妃マリー・アントワネットは、1793年に処刑されました。

この革命のなかで、軍事的指導者としてナポレオンが名をあげ、後にフランス皇帝として権力を握ります。ナポレオンは、ヨーロッパ各地に遠征して広大な帝国を築き、ヨーロッパ全土に影響をあたえました。しかし、1815年にワーテルローの戦いで敗北し、失脚します。

19世紀以降のフランス

ナポレオンの失脚後、1830年の革命でルイ・フィリップが王位についてフランス王国がふたたび成立します。しかし、この王政も1848年の革命で崩壊し、第二共和制が樹立。その後もナポレオン3世のもとでの第二帝政、崩壊、第三共和制の成立へと続いていきました。

20世紀、フランスは2度の世界大戦を経験します。第1次世界大戦では連合国の一員として勝利を収めましたが、甚大な被害を受けました。つづく第2次世界大戦ではナチス・ドイツに占領されますが、はげしい抵抗運動と連合軍の助けによって解放されました。

戦後、フランスは冷戦のなかで西側陣営に属し、ド・ゴール大統領が国の再建を進めました。また、フランスが海外にもつ植民地で独立運動の気運が高まり、アルジェリアなどが独立を果たしたのも、この時期です。

経済の復興をとげたフランスは現在、EUの重要なメンバーとして、国際政治や経済において積極的な役割を果たしています。近年の課題としては、移民をめぐる問題やホームグロウン・テロリズムとよばれる自国内のテロへの対応があげられ、多様性の社会をどう築いていくか、世界が注目しています。

さくいん

取材を終えて　　関根 淳（せきね まこと）

　フランスの取材中、ずっと考えていたことがあります。まちにただよう空気感や、人びとのまとっている雰囲気が、とてもゆったりとしているのです。それは、牧歌的なのどかなものとは少しちがいます。うまく言い表せないのですが、かんたんに言えば、あらゆる面で「豊か」であるということなのかもしれません。

　フランスの人びとは、他人の顔色を気にしたり、言いたいことをがまんしたりして、まわりに合わせることをしません。自分は自分で、他人は他人。自分の価値観を信じ、好きな服を着て、好きな仕事をする人が多くいます。もちろん、他人の好みも受けいれますし、もし自分の考えと他人の意見がぶつかったときは、納得がいくまで話しあいます。また、フランス西部の都市レンヌにある小学校の取材時のことです。昼休み、先生方が休けい室に集まって、1時間以上もコーヒーを飲みながら談笑していました。私のイメージのなかの小学校の先生は、いつもいそがしくしていることを伝えると、先生たちは笑って答えました。「私たちは先生である前に人間です。ゆとりのないくらしをしている大人が、子どもに楽しい授業をできるとは思いません。だから、今は大人だけの時間なんです」。フランス人のこんな感覚が、くらしの「豊か

▲レンヌにあるパブロ・ピカソ小学校の、休けい中の先生たち。

さ」の基本になっているのだと感じた言葉でした。

　今は、スマートフォンやパソコンで何でも調べることができる便利な世の中になりました。日本にいながら世界じゅうの人とつながり、ほしい情報を瞬時に得ることができます。しかし、今回の取材で、現地に行って実際にまちを歩き、その地でとれたものを食べ、人と会って話すことで、デジタルの世界ではわからない空気感や人のあたたかさをあらためて実感しました。取材者として、今後もこの感覚を大事にしていこうと思います。

●監修
羽場久美子（はば くみこ）（青山学院大学名誉教授）

●取材協力（順不同・敬称略）
パブロ・ピカソ小学校／黄金文字小学校／ガエタ家／シャリエール家／シュマン・デ・トラベルス絵画教室／フライ夫妻／ヴェノー家／3つの屋根ワイン醸造所／ガノー・チーズ熟成所／ル・グルニエ・ア・パン／ウインドセラー管楽器店／キャロル・カレ／クレマンティーヌ・ポンス／アベル・カペリエ／小畑幸子

●参考文献
羽場久美子著・編ほか『EU百科事典』（丸善出版）／羽場久美子編著『EU（欧州連合）を知るための63章（エリア・スタディーズ124）』（明石書店）／羽場久美子編著『移民・難民・マイノリティ−欧州ポピュリズムの根源』（彩流社）／梅本洋一ほか編著『パリ・フランスを知るための44章（エリア・スタディーズ5）』（明石書店）／フランス教育学会編『現代フランスの教育改革』（明石書店）／クシシトフ ポミアン著　松村剛訳『ヨーロッパとは何か：分裂と統合の1500年』（平凡社）／朝比奈美知子ほか編著『フランス文化55のキーワード（世界文化シリーズ2）』（ミネルヴァ書房）／池上俊一著『お菓子でたどるフランス史（岩波ジュニア新書）』（岩波書店）／竹中幸史著『図説 フランス革命史（ふくろうの本／世界の歴史）』（河出書房新社）／二宮書店編集部編『データブックオブ・ザ・ワールド2025』（二宮書店）

●イラスト（p29）：hatamisa
●地図：株式会社平凡社地図出版
●校正：株式会社鷗来堂
●デザイン：株式会社クラップス（佐藤かおり）

現地取材！　世界のくらし23

フランス

発行　　2025年4月　第1刷

文・写真　：関根 淳（せきね まこと）
監修　　　：羽場久美子（はば くみこ）
発行者　　：加藤裕樹
編集　　　：松原智徳、原田哲郎
発行所　　：株式会社ポプラ社
〒141-8210　東京都品川区西五反田3丁目5番8号
　　　　　　JR目黒MARCビル12階
ホームページ：www.poplar.co.jp（ポプラ社）
　　　　　　kodomottolab.poplar.co.jp（こどもっとラボ）
印刷・製本　：株式会社精興社

あそびをもっと。まなびをもっと。
こどもっとラボ

現地取材！ 世界のくらし

Aセット 全5巻（①〜⑤） N.D.C.292

Bセット 全5巻（⑥〜⑩） N.D.C.292

Cセット 全5巻（⑪〜⑮） N.D.C.292

Dセット 全5巻（⑯〜⑳） N.D.C.293

Eセット 全5巻（㉑〜㉕） N.D.C.293

続刊も毎年度刊行予定！

- 小学高学年〜中学向き
- オールカラー
- A4変型判　各48ページ
- 図書館用特別堅牢製本図書

ポプラ社はチャイルドラインを応援しています

18さいまでの子どもがかけるでんわ

チャイルドライン®

0120-99-7777

毎日午後4時〜午後9時　※12/29〜1/3はお休み

チャット相談はこちらから

電話代はかかりません　携帯（スマホ）OK